능소화에 부치다

국립중앙도서관 출판시도서목록(CIP)

능소화에 부치다 / 지은이: 유현서 외. -- 대전 : 지혜, 2012
 p. ; cm. -- (지혜사랑 ; 055)

ISBN 978-89-97386-08-6 03810 : ₩10000

한국 현대시[韓國 現代詩]

811.7-KDC5
895.715-DDC21   CIP2012000806

지혜사랑 055

능소화에 부치다

유현서 외

애지문학회 편

| 애지문학회 제6집 |

『능소화에 부치다』를 펴내면서

처마 끝에서 낙숫물 소리
크다, 가파르지 않은 호흡으로

한참만인 듯
한 번씩의 간격을 두고 떨어진다

물방울과 물방울 사이 반짝.
詩를 들어 올리는 햇빛!

아직은 진초록빛 餘白인가
보리피리 소리
먼 듯 가깝다

2012년 3월에

차례

애지문학회 제6집
『능소화에 부치다』를 펴내면서 —————— 5

강병길

변검變瞼 — 그리하여 20 —————— 12
패랭이 꽃 — 그리하여 26 —————— 14
망초 — 그리하여 31 —————— 16

강서완

선인장 가시가 물을 길어 올리는 시간 —————— 18
낯선 거리 —————— 19
개와 늑대의 시간 —————— 20
악마의 부케 —————— 21
속도의 식욕 —————— 23

권순자

목련정진 —————— 25
붉은 장미가 사는 방식 —————— 26
실종된 사랑 —————— 28
저녁 빛 —————— 30
아프리카의 뿔 — 소말리아의 분노 —————— 32

김바다

고나다 — 36
빙의 — 37

김연종

사소한 징후들 — 39
데스홀릭 — 41
그리하여 침묵 — 43
안락의자 — 45

김정원

수신 외 — 46
겨울나무 — 47
아름다운 편견 — 49

김종옥

봄 — 51
매화 향기 가득한 — 52

김지요

무명氏는 부재중 —— 54
먼지버섯 아세요 —— 56
시를 팔았다 —— 58

김진길

아내 —— 60
밤톨줍기 —— 61
먹튀 —— 62

김현식

나침반 —— 63
좁은 문 —— 64
역설의 변증 —— 66
슬픈 진화 —— 68
대상포진 —— 70

박정옥

다빈치처럼 —— 72
소리의 풍경 —— 74

박종인

해고통지서 —————————— 76
자연오리지널 시나리오 ————— 78
스토커 ——————————— 80

안이삭

그뿐이겠어요 ————————— 81
서울 구경 ——————————— 82
꽃잎 ————————————— 84

유현서

능소화에 부치다 ———————— 85
견딤의 방식 —————————— 87
아름다운 비행 ————————— 88
알집 ————————————— 90
물고기 비파 —————————— 92

이시경

매트릭스 ——————————— 94
노예 이야기 —————————— 96
오카리나 ——————————— 98

장이엽

삐뚤어질 테다 ──────────── 100
오징어몸통 끝, 지느러미 ──────── 102
적당히 라는 기기敧器 ────────── 103

조영심

그늘 터 ───────────────── 105
부적 ────────────────── 107
문 ─────────────────── 109
말씀 ───────────────── 111
편백 숲을 가다 ──────────── 113

조옥엽

변강쇠, 내 사랑 ──────────── 115
쓰레기통 ─────────────── 117
죽근 ───────────────── 119

최용훈

入棺 ─────────────── 121
빙폭, 혹은 이명을 메아리로 바꾸는 절벽의 낙천성 ── 122
물의 집합방정식 ─────── 124
난독증 ──────────── 127

황경수

테리가타 ──────────── 130
별의 뒷모습 ─────────── 131
서 있는 동굴 ────────── 133
숨꽃 ────────────── 135
스톡홀름 신드롬 ───────── 137

이현채

유리도시 ──────────── 139
하루를 모자이크하다 ─────── 141
유령의 바다 ─────────── 142

변검變瞼 외
― 그리하여 20

강병길

소금쟁이 지나간 동심원이 사라지듯
통증 없는 연극은 지나간다
냉엄한 순계의 나이테가 찰나로 벗겨진다

얼음산에서 얼음을 잘라 내려오는 얼굴
빗물에 씻기는 불두佛頭에 갓을 씌운 얼굴
주저앉아 아이의 봉분을 덮는 어미의 얼굴
사랑의 맹세를 두고 간 얼굴
제 그림자를 갖지 않는 강에 몸을 던진 얼굴
흙을 파던 삽을 물려준 얼굴
뻘에서 뻘에 박힌 돌이 된 얼굴
산수를 즐기려다 풍경이 된 얼굴
사막에서 낙타의 등에 소금을 싣는 얼굴
얼굴의 상처에 주름진 얼굴들이
어깨를 잇대고 있었다

그리하여
선험적 경험들을 색깔로 나누거나

뇌두의 잠령을 헤아려보는 나도
매순간 얼굴이 바뀌는 편이다
앉았던 의자에 온기가 사라지기도 전에
떠밀려 나오는 극장

패랭이 꽃
― 그리하여 26

꽃잎에 그린 자줏빛 혈도는
패랭이가 본 곤충들의 핏줄

침몰하듯 눈으로 허기를 채우다
매직아이처럼 초점이 사라졌을 때
온통 혈화를 피워냈다

다치지 않는 덫에 걸려
읽어보는 시간은 짧았으나
꽃과 나 사이는 꽤나 멀게 느껴졌다

뿌리의 생김이 잠시 다른 표상에
접사하는 내 눈은 조마롭다
며칠 뒤 서리 내리는 상강이라서
몇 송이 옮겨 놓기로 한다

부러 그러는 것처럼 꽃잎은 접힌다
몸을 접고 들여다보는 나의 주름을 읽으며

패랭이는 패랭이대로 물관으로 버티고 있다

그리하여
슬픈 패랭이가 눈동자를 그려 넣고 있었다
지금은 꽃이라고 불러주지만
서리를 맞는 편이 나았다.

망초
― 그리하여 31

  한바탕 선영을 점령하던 망초가 입동에 또 꽃망울을 피워 올렸다 본색을 드러내는 가랑잎 위로 용맹정진이다

  짧게 살다간 아버지의 서사를 읽어보다 복기하듯 망초 허리를 꺾는다 홀쭉하나 질긴 망초는 뿌리채 뽑혀 나왔다

  우르르 몰려다니는 낙엽 틈에서 여태 초록이라니 너무한 거 아니요라고 여쭈어보니 눈이 오지 않아 망초꽃 대신 덮었다는 대답을 듣는다

  맨손으로 눈을 치웠다

  문패는 늘 유복자였다 가까스로 뿌리내린 이름 평생 쓰다가 봉분의 문패는 先자 求자다
  죽어 절반은 더 사는 게 인생이라서 한 집을 내고도 살아 있는 행마를 본다

  그리하여

시절을 앞서 구해오던 선자와
아버지의 본명을 듣지 못한 후대가
비석의 앞뒤처럼 등을 기대고 있었다.

| 경기 이천 출생 | 시집 『도배일기』 | 강원도 원주시 문막읍 문막리 547-1번지 행복한인테리어 | 핸드폰 011-9842-7074 | 이메일 sunbee70000@hanmail.net

선인장 가시가 물을 길어 올리는 시간 외

강서완

 단서는 없었다 어떤 지문도 발자국도 피 한 방울의 흔적도 없이 숨을 거둔 남자는 반듯했다 책상 위에 시든 선인장 하나가 형사의 눈 속 떨림을 밀어냈다 사건의 목격자로 선인장이 지목되었다

 태평양 솔로몬마을의 벌목방법은 나무를 향해 수십 명의 장정이 며칠간 고함을 쳐대서 시들어 죽게 만드는 것인데, 벡스터* 연구에 의하면 선인장은 두려움으로 말라 비틀린 것, 거짓말탐지기를 장착한 선인장에게 5명의 용의자를 대질시켰다 그 중 한 명을 보자 탐지기가 심히 흔들렸다 형사들은 그를 집중 추궁했다 사건이 범인의 자백으로 종결될 즈음 선인장 가시는 다시 꼿꼿해졌다

 햇살 한 줌, 바람 한 켜, 달빛 몇 점이 정신병원 쇠창살에 달라붙어 바흐의 골드베르크 변주곡을 마르고 있다

---

*미국의 거짓말탐지기 전문가로 식물의 자극과 반응에 대한 연구를 발표. 극단적인 상황에 직면한 식물은 인간처럼 기절하거나 실신하여 그 상황에 대한 자기방어를 한다고 한다.

낯선 거리

나무에서 황금을 딴다
금 나노용액을 투입한 기능성복숭아,
1킬로그램당 0.03밀리그램의 금이 들었다

나는 가련한 아비의 핏줄
막막한 그냥 목숨,
때로 금크림을 바르고
금술을 마시고 금과실을 먹으며
지구여행 중이다

황감하다, 내 안
누적된 금복숭아 유전자가
기능성뿌리를 내린 황체
아프리카로 가자, 아프리카로 가서
소말리아 오지 거친 나무 아래에 눈물을 묻자
검은 아이들이 주린 새의 울음으로
나뭇잎 사이를 헤쳐 헤쳐
메마른 손으로 황금열매를 따리라

개와 늑대의 시간*

물이 흘러요 종유석을 타고,
저 물의 始原을 따라갔더니
어느 젊은 사내가 낙타를 타고 간
시내산 동굴이 여기까지 펼쳐지네요

하늘과 땅을 잇는
석주에 기대어 나,
낙타를 타고 간 젊은이를 그리워해요

혀 속에 사막을 감춘 흰 뱀이 천정으로 스쳐요
석순에서 떨어지는 물을 마시며
홀로 된 어린 양은 먼 산의
풀을 뜯고
먼 길, 먼 길이 너무 힘들었나 봐요

계곡을 흐르는 푸른 물소리
오랜 바람과 여명이 입술을 적셔요
낙타의 발굽소리가 지상에 이르기까지
나 잠시 너럭바위에 몸을 뉘여요

* 날이 어두워져 개인지 늑대인지 구별하기 어려운 시간.

악마의 부케*

아열대 언덕에 핀
예가체프 향기는 그들의 종교,
재스민향에 속살을 씻은 원두에서
세월이 덧칠한 살내 맡으리

붉은 환상을 입고 악마의 춤을 추는 염소야
달콤한 입술을 탐하는 사향고양이야
사는 게 사는 게 아닌 저녁이 오면
칠백 도 화염에 구워낸 영혼
커피원두보다 더 곱게 분쇄하리

그 쓰러지는 사막에
감히 내 끓는 기도를 부으리,
사제의 가면일랑 바람에게 전하리,

에티오피아! 에티오피아!
온몸에 재스민 꽃가루 배어든 그녀들
소중한 바디** 천천히 읽으며
허망의 진지함에 눈 뜨리,

끓어오르는 황금크레마***에 취해
내 서툰 미각은 내일도 혼절하리

*부케: 커피 전체의 향기.
**바디: 커피의 점도와 미끈함을 혀로 감지하는 맛.
***크레마: 에스프레소의 표면의 거품.

속도의 식욕

처마 끝 제비집에 침범한 구렁이는
세 마리의 새끼를 먹었고
나의 냉동고에는 쇠고기 육백 그램과
언 닭다리 한 봉지가 있어요

양식으로 불릴 때 사체는 신성하죠
석류 한 입 깨문 입처럼
진자리 모르는 붉은 꽃잎은
라라, 즐거워요

잘근잘근 부순 꽃의 살점이
나의 내장을 순례하네요
나는 날마다 너이고,
나를 먹은 너이고
나를 뒤쫓는 너를 먹는 거룩함에
라라, 속도가 붙어요

툰드라 유르트 위에

하루가 하루치의 피를 쏟을 때
아프리카 초원을 질주하는 어린 누의 공포는
KTX 속도로 내달리는 표범의 눈망울에
어찌하여 꽃으로 피어날까요

| 경기 안성 출생 | 2008년 『애지』로 등단 | (456-822) 경기도 안성시 공도읍 마정리 대림전원빌라 103동 301호 | 핸드폰 010-5240-3680 | 이메일 may-kbl@hanmail.net

목련정진 외

권순자

떨며 참았던 설움이
한꺼번에 폭발했다
눈부신 빛이 겹겹이 쏟아진다
박힌 가시를 뽑어내는 소리로
사방이 소란하다
얼얼하게 아픈 환부를 건드리는 손들
통점에 번지는 전율

쓰리고 쓴 가지에 근질거리는 낯선 소리들
한때의 영광으로 타오른 물관 구석마다
맺혀있던 상심과 수모 활활 타올라
깊은 상처마저 잊어버리고 햇살에 타올라
가지마다 툭툭 터지는 무언의 아우성,
세상을 향한 울음인가
세상을 얻은 득음인가

붉은 장미가 사는 방식

열정을 번갈아 풀었다 세우며
천상에 닿으려는 몸짓을 하네

심장을 드러낸 채
돌계단을 훑으며
허공으로 몸을 또아리 틀며 오르네

뼈를 가시로 세우고
밟고 지나온 그림자를 아픈 쪽으로 뉘고
잊어버린 이름은 꽃잎으로 피우네

풀벌레 붉은 울음소리는 그늘에 숨었네
바람에 쏟아지는 붉은 혀들이 흙먼지 묻힌 채
영혼의 무게를 달아보네

쓰라린 기억을 불러내어 웃음으로 바꾸고 싶어하네
이 나라에는 어둠이 없네
붉은 밭에는 붉은 햇살만 비치네

꽃몸살로 지어낸 밥을 먹으려 하네

그리움을 끓이면 더욱 붉어지는 법
근육을 비트는 일일랑 하지 말게
엉기는 몸피마다 돌아앉는 고통이 꽃을 피우는 농안
붉은 밭은 깊이 침묵할 것이네

허공으로 허공으로 힘겹게 길을 터가는
꽃의 뜨거운 삶의 본능은 차라리
형형하네

실종된 사랑

온통 비늘이 물기에 젖어 빛나고
슬픔에 젖어 빛나고
슬픔을 삼킨 입술이 붉게 떨리는 오후
파도소리는 너무 멀리에 있다

푸른 멍은 심연에서 부풀어 올라
울음소리를 사방에 밀어낸다

물방울이 아름답고 쓸쓸하게 번진다
출렁거리는 오후 햇살이
나뭇잎을 비껴가고
바람을 흔들며 소리를 낳고 또 낳고
당신의 목소리는 파묻혀
낮은 지붕 아래서 울음을 켠다

불안하고 우울한 구름이 떠돌고
깊이 숨을 들이쉬며 몽상을 한다
따스한 피는 어디서 오는가

실종된 사랑은 어디서 봉두난발한 채
헤매고 있는가

저항하던 정신이 비명을 지르며
포장된 길에서 상처가 아물기를 기다리는 동안
곪은 그리움이 끊임없이 물기를 머금고
햇살에 반짝인다

어떤 유혹에도 휩쓸리지 않으려고
스러지고 떠밀려가면서도 지느러미 펄떡이며
바다의 시간을 견디는
아프고 슬픈 뼈가
젖어 눕는다
한생을 흘러 긴 밤을 뚫고 지나가는 검은 눈동자
창백한 입술의 달이 뜨고
달이 진다

저녁 빛

붉은 손들이 시간을 만지작거리네
바람이 엉겨 쓸쓸한 잎들이 지네

저녁이 울음을 물고 견디며,
바람집을 키우네
열정이 사연 몇 통으로 쌓이는 지금

몰래 휘는 노을은
투명한 저녁을 저 혼자 흔드네
시간이 찬찬히 어둠을 불러들이고

쓸쓸한 열망이 시드는 순간이네
서성거리던 발길이 기억할 수 없는
지난 날 어딘가로 구겨져 내리고

그제야 깨어나 외로운 당신의 얼굴을 보네

가늘게 떨고 있는 눈꺼풀,

생은 몇 방울의 열정일까

젖어드는 바람
젖어드는 삶
빛이 저물어 어둠을 헤치고 가고
시퍼런 어둠이 뜬 눈으로
바람을 핥고 있네

아프리카의 뿔
　－소말리아의 분노

우리들은 꿈꾸지,
아프리카 초원에 뛰노는 영양들과 아프리카 들소
떼들이 먹이를 찾아 이동할 때 일어나는 뿌우연 먼지구름 떼를.

뿔들을 앞세운 들소 떼들의 그 대자유의, 대자연의 향연을. 그 파노라마를.

하지만, 이젠 그곳에는 말라가고 오염된 식수로 죽어가고 있는
검고 비틀어진, 뿔난, 목숨들만이 겨우 부들거리면서 살고 있을 뿐이다.

소말리아엔 '우물 과부'들이 산다. 극심한 가뭄은 '우물 전쟁'을
낳고, 무차별한 살육전은 '우물 전사'들을 낳고 낳고, 질병들은 번지고
죽음은 밤처럼, 꾸준히, 예사롭게, 항다반사恒茶飯事들로

찾아든다.

영양실조로 말라가다 비틀어지다 못해 죽어가고 있는 아이들.

소말리아, 몹시도 배고픈 나라, 몹시도 목마른 나라, 하지만
이제는 어쩔 수도 없어, 그 모두가 다 뿔이 나서 해적이 다 되어버린 나라!

지루한 가뭄은 쇠가죽보다도 더 질기고 살가죽만 남기고 탈수되어버리고 있는
아이들, 모두가 **뿔뿔이** 뛰쳐나와, 눈동자만 한없이 더 커져서 한없이 더 배만 고픈
저 아이들, 이미 뿔이 날 대로 다 나버려서 모든 세계인들의 삶들을 인질로 잡고
있는 저 해적들의 후예들, 이미 뿔이 날 대로 다 나버린 아프리카의

마지막 코뿔소 같은 소말리아 공화국이여!

 마지막 남은 자존심들마저도 이제는 다 **빳빳하게** 말라붙어버려서
 이제는 그 모든 삶의 소망들까지도 한꺼번에 다 증발해버리고 만 땅,
 소말리아, 바스러져 한 줌 재가 되어버리기까지 너는 또 얼마나 더 마르고
 또 더 말라야 하는가, 오, 사람들은커녕 소와 말들조차도 마실 물이
 없을 지경이라는 소말리아 공화국이여!

 오, 소말리아 공화국이여,

 여기 우리가 인간에 대한 예의라도 온전하게 한번 지켜보기 위하여
 여기 우리가, 여기 이렇게, 얄팍한 빈손들이나마 한 번 흔들어보이나니,

앞으로 우리 서로가 먼지가 되어서라도 우리 서로가 웃으면서 한번 만나게
 될 수 있을 그날까지, 아직 젖내도 채 가시지 않은, 쇠파리들만이 가득히
 들끓고 있는, 지 아이들의 밥그릇에다 우선은 씹다가는 울면서 도로 내뱉아
 버리게 될 모래들만이라도 한 그릇씩 가득 가득히 담아, 무럭무럭, 이 밤도
 잘 자라날 수 있도록, 비록 고통에 뒤틀리는, 뒤흔들리는 꿈 또 꾸게 될지라도
 너무 깊게 파도치는 그 난바다에서라도 부디부디 소진되어버리지도 말고
 탈진이 다 되어버리지도 않도록.

 오, 소말리아, 피를 다 말리고 있는, 우리의, 세계의 공화국이여!

| 경북 경주 출생 | 2003년 『심상』신인상 | 시집 『우목횟집』, 『검은 늪』, 번역시집 『Mother's Dawn』(『검은 늪』 영역) | 서울시 양천구 신정3동 신정이펜하우스 4단지 412동 301호 | 이메일 479sky@naver.com

고나다 외

김바다

　해삼창자 한 숟갈에 참기름 깨소금 뿌려 밥에 비벼 먹는 걸 아버지는 좋아하셨다 첫 월급을 손에 쥐자 고 삼 때도 일어나 본 적 없는 첫 새벽, 고나다를 사러갔다 얼마나 귀한 건지 동도 트지 않아 동이 난다는 말에

　시장상인들 가득 탄 서호 시장행 시내버스 안 까치발로 서서 눈 부비며 허리에 전대앞치마 두른 아주마이들 흙내 바닷내 나는 것들 가득 담긴 빨간 고무 다라이 일본말 닮은 통영 말에 이리저리 부대끼다 우루루 짐짝처럼 부려졌다

　묻고 물어 좁디좁고 비린내 물씬물씬 물기로 질척한 통로를 따라가니 고나다 장사 만났어도 사는 것은 하늘의 별 따기 웃돈 얹어 구경 한다 원통형 나무 상자 바닥은 구릉처럼 솟아올라 몸집 적은 고나다를 모셨다

　한 입 거리도 안 될 것을,
　울 아버지 열흘을 드셨다

빙의

 고향 통영에 가면 엔젤호 터미널 앞 작은 밥집에 늘 들른다 처음엔 통영 식당 이름이 좋아 좋아 그러다 그 토속적인 맛에 반해 지인들에게 추천까지 한다 번듯번듯 화려한 외양은 아니요 펑퍼짐한 주인 할매 당찬 눈매 석쇠 불에 볼래기 등 터뜨릴 입담과 그 수족처럼 상을 차리는 아들의 눈썰미 있는 인사성이 반가웁다 이것 한 번 먹어보라던 어머니의 권유 떠올려가며 빨강 연두 노랑 진갈색 시골스런 반찬들에 묵묵히 젓가락질 하다보면 잊었던 허기들 요동을 친다 오장육부가 갯내나는 유전자의 기억에 쫓겨 허둥지둥, 통영에서 나고 죽은 조상들까지 밥상 머리에 다 불러 모은다

 바다 선주였던 친할배 어부였던 외할배 굴다리 밑 삶은 고매장수 외할매 그들의 아비 어미도 모두 어부였고 고매장수였고 서당 훈장도 한 명 있었다던가 차례차례 내 몸 빌려 멸치 상추쌈 볼 터지게 자시고 시뻘건 멸치회도 쩝쩝, 땟깔 좋은 전어회를 꿀꺽, 도다리 쑥국 마시고 꺼억, 구수한 숭늉 한 주발로 입가심하고 잘 먹었다 이제 살 것 같다며

갈 길 가신다

그제사,
타향으로 떠난 부모에게 전화를 건다
식사 내내 쓰리고 아프던 속 끝이 풀린다

| 경남 통영출생 | 2011년 『애지』로 등단 | (137-761) 서울 서초구 반포동 반포리체 103동 203호 137-761 137-761 | 핸드폰 010-7791-7393 | 이메일 yeochu@hanmail.net

사소한 징후들 외

김연종

열쇠구멍에 눈알을 쑤셔 박았다

청진기로 비밀금고를 들여다보다

편의점에 나온 모형 권총을 샀다

방아쇠는 이미 당겨졌고

노란 알약은 편두통의 과녁을 명중하지 못한다

동행하던 벼락두통이 관자놀이까지 솟구친다

불면의 그림자가 천장에 박혀있다

허기진 눈알이 나를 노려본다

은둔형 외톨이의 간식거리를 챙기다

포만중추의 편집증이 나를 위무한다

잠복중인 우울증이 사라졌다

데스홀릭

입술과 항문과 성기가 없는 그곳으로 가면
술 마시지 않고도 잠 들 수 있으리
촛농처럼 흘러내리는 고독을
한 줌 먼지로 방점 찍을 수 있으리
아직 내 몸을 빠져 나가지 못한 맹독의 환상마저
알레르기 행진곡처럼
온 몸을 붉게 물들이고 뇌 속까지 울려 퍼지리
퍼덕이는 아가미에서 미늘을 뽑고
밀랍된 고통의 타투를 말끔히 제거해
이카로스의 날갯짓 없이도
마음껏 하늘을 날 수 있으리
슬픔과 광기와 피흘림이 없는 그곳으로 가면

주어진 글을 읽고 '심리학적 부검'을 위해 고통관리위원회에서 내놓은 대책 중 자신의 처지에 비추어 가장 부합하는 경우를 고르시오

1) 옥상으로 가는 모든 길을 차단한다 고층 아파트 주변

의 경계를 강화하고 특히 두세 명씩 짝을 지어 번지점프 앞을 서성거리는 여고생들을 집중 검문한다

 2) 베르테르 효과를 차단하기 위해 모든 소설을 사전 검열한다 드라마 영화에서 죽음의 장면을 삭제하고 특히 자살 장면은 상영을 중지한다 조간신문의 부고란도 폐지한다

 3) 각 펜션에서는 연탄과 화덕을 소지한 봉고차의 출입을 제한한다 청테이프와 청산가리도 압수 대상이다 허름한 주택가 골목에 하루 이상 방치된 차량의 동태를 파악한다

 4) 권총과 커터칼 압박붕대 등의 판매를 엄격히 제한한다 데드 캠프의 감시 카메라를 증편하고 모니터를 집중 감시 체제로 전환한다

그리하여 침묵

말할 수 없는 것에 대해선 침묵해야 한다*
그리하여 침묵

기억하고 싶지 않는 과거를
철저히 복원해 낸 유전자감식반이
잃어버린 그날을 추궁했다
그리하여 침묵

사라진 줄기세포와 복제양 돌리
달나라에 딱 한번 발을 딛고
평생을 침묵해버린 닐 암스트롱
무에서 유를 창조한다고 철석같이 믿고 있는
모방천재의 시인들에 대한 질문을 밑밥처럼 던졌다
그리하여 침묵

투망처럼 촘촘한 의정부 경찰서 조서실
잡은 물고기에겐 더이상 먹이를 주지 않는다며
독수리 타법으로 투망을 손질하던 魚순경이

고가의 항생제에도 기어이 배를 뒤집어버린
수족관 물고기에 대해 덥석 물었다
미리 쓰는 유언장처럼
그럴싸한 알리바이를 조작했다
플라시보 효과를 위해서는
다량의 떡밥이 필요할거라고 속으로 강변했다
그리하여 침묵

빛보다 빠른 속도가 아니라면
어차피 자신의 과거를 들추어
직접 관찰하기 힘들다

그리하여 침묵

길들이기를 거부한 길고양이처럼
생선 비린내를 골목에 두고 온 까닭이다

*비트겐슈타인.

안락의자

  뜨거운 입김으로 유리창에 그려놓은 고통이 부화했다 닭이 먼저냐 달걀이 먼저냐 하는 해묵은 논쟁이 사라졌다 퇴화한 날개로도 거대한 바위벽을 통과할 수 있다는 이무기의 논리는 바위에서 박제되었다

  페이퍼나이프로 고기를 썰고 과도로 장작을 패듯 대장장이의 의도와는 무관하게 면도날은 비상구를 찾지 못했다 집도의는 배를 가르지도 못한 채 수술용 가위를 복부에 남겨두고 담금질을 마쳤다

  죽은 시계를 차고
  죽은 나무로 만든 의자에 앉는다
  고통의 현재시각이 손목에 새겨져 있다
  자기 눈으로 직접 볼 수 없는 건
  자기 얼굴과 머리통의 치욕뿐이다
  안락한 손거울을 들고
  안락의자에 앉아 커터칼을 다시 꺼내든다

| 광주 출생 | 전남대 의과대학졸업 | 2004년 「문학과 경계」로등단 | 의학문학상 수상 | 시집 「극락강역」 | (480-839) 경기도 의정부시 용현동 407-9 | 핸드폰 011-894-9860 | 이메일 medirac@hanmail.net

수신 외

김정원

아이가 돌멩이를 던진다
퐁당, 잔잔한 호수가 동그랗게 동그랗게
파안대소하는

과녁을 향하여 화살이 날아간다

명궁은 날아가는 화살을 보고
과녁을 명중할지 안 할지 가늠하는 것이 아니라
팽팽히 당긴 시위에서 화살을 놓는 순간 이미 확신한다
거친 호흡과 잡념과 흔들림이 묻은 시위에서 달린 화살은
여지없이 과녁을 빗나가고
고른 호흡과 집중과 자신감이 짱짱한 시위를 박찬 화살은
틀림없이 과녁에 꽂힌다는 것을

그는 자신을 향하여 화살을 쏜다
바람 한 점 없는데도 맞히기 가장 어려운,
명중시켜야 할 표적이 자기 안에 있기 때문이다

그는 그를 죽인다
날마다

겨울나무

공기주머니보다 가볍게
벌거벗었다

온 누리가 무거운 한데인데
혼자만 띠뜻하게 앉아 있을 수 없어서
진즉 벌거벗고 서 있다

시퍼렇게 언 새를 사랑하기 때문에
기꺼이 시린 고통을 견디며
기도하는 성자같이

가장 아름다운 단풍잎 재산을 아낌없이 내놓아
헐벗은 바닥에게 별무늬 누비옷을 입히고
눈길에 갈 곳 없는 벌레들을 서둘러 불러들여
포근히 감싼 자비

더불어 살자,
이른 거리에 나서면 어처구니없이 된서리를 맞는

시절에 맞서
네 슬픔을 내 슬픔으로 지치지 않고 길어 올리는
우거진 숲을 꿈꾼다

옳은 일을 하는데 겉치레하는 사람처럼
영광을 얻으려고 나팔을 불지 않고
하늘을 향해 조용히 팔을 뻗은 땅의 모세혈관, 그 속에
지며리 흐르는 열망으로
마침내 봄이 오고

푸름을 잃고 오래 주저앉아 있던 새가
절망의 가장자리를 차고 더 높이 날 수 있게
가지가 툭, 밀어준다

아름다운 편견

나는 편견을 가지고 있다
자전거를 타는 사람이
자동차를 모는 사람보다 더 크다는

자전거를 타는 사람은
자신의 노동력으로
지구와 함께 깨끗이 자전하며
자본주의를 넘어선 주인이고

자동차를 모는 사람은
석유를 동력원으로
지구를 착취하고 더럽히는
자본주의에 엎드린 노예라는
나는 편견을 가지고 있다

네 발 남의 힘으로 가는 사람과
두 발 자기 힘으로 가는 사람 중에서
누가 더 진화하고 위대한가?

이 위인은 안다
자전거가 넘어질 때 넘어지는 방향으로
운전대를 꺾어야 바로 선다는 것을
넘어지는 반대쪽으로 운전대를 꺾으면
금방 넘어진다는 것도

작고 느린 길로 핸들을 돌려야
크고 빠른 도로에 깊게 패인
상처를 치유하고 제대로 굴러가는 삶이라는

자전거를 타는 농부가
자동차를 모는 회장보다 더 크다는
나는 편견을 가지고 있다

때론 편견도 아름답다

| 전남 담양 출생 | 2006년 『애지』로 등단 | 수주문학상, 시흥문학상 등 수상 | 시집 『줄탁』, 『거룩한 바보』 | 핸드폰 010-8433-3253 | 이메일 moowi21@hanmail.net

봄 외

김종옥

나는 상농삿꾼이다

동돌머리* 넘어오는 해를 잡아 무논에 풀어놓고

파랗게 솟구치는 봄을 꾹꾹 꽂아 놓으리라

거기 백로 한 마리 조용히 내려앉고

해를 품은 봄이 펄펄 끓는 동안

폭풍은 멀리서만 울어야 하리

그리하여 아버지처럼 까맣게 그을린 얼굴로 저녁이 오면

가슴을 활짝 열어 젖을 물리듯 물꼬를 터서

출렁거리는 은하가 밤새도록 흘러들게 하리라

*동돌머리: 강화.

매화 향기 가득한

어둔리*에 수많은 신령님을 모시고 사는 노파가 계시다
길에 튀어나온 돌부리, 밥, 죽은 새 한 마리,
목사님, 내가 들고 간 바지락마저 '신령님들'이라고
반색이시다
개밥을 주면서도, 개똥을 치우면서도 '신령님 신령님……'

아침에 낳은 귀신들을 저녁에 잡아먹는다던 鬼母처럼**
노파는 신령님들을 먹기도 하고
화덕에 던져 태우기도 하신다
개도 물어가지 않을 신령님도 계시고
너무도 귀해 냉동실 깊숙이 넣어 얼려 놓기도 하신다
이따금 포항 딸이 보냈다는 과메기에 실려
비릿하게 내 부엌에 모셔지기도 하는 신령님들

우리 집 개가 여섯 마리 새끼를 낳았다
노파가 '어이구 신령님들' 하시며 강아지들을 어루만지다 돌아가셨다

나는 젖을 빨고 있는 그들을 들여다 보다
그 얼굴에 노파의 환한 웃음이 묻어있는 것을 보았다

지금 툇마루에선 씀바귀싹 쬐끔 뜯어다 놓고
막내가 한나절 낮잠을 자고

*어둔리: 강화.
**귀모 : 중국신화.

무명氏는 부재중 외

김지요

티브이는 늘 그와 함께 했다
담배는 긴 날숨의 통로
소주 한 병으로 밤의 독을 녹여내며
수면제를 먹고 돌아누우면 또 하루가 왔다
시간을 죽이는 법은 참으로 간단했다
누군가 드문드문 현관에 인기척을 두고 갔다
야쿠르트 아줌마거나, 관리비 독촉장이거나

재수가 썩 좋은 하루였다*
그날은 쿵쿵 문을 두드리는 소리가 들렸다
자신이 살아있는지 궁금해 한다는 것이 놀라웠다
밀린 관리비 때문이라는 것을 알았다면
툭 건드려진 공벌레처럼 잠시 죽은 척 했을지도 모른다
팔 개월이나 그가 죽은 척 하는 줄만 알았다
그는 더 이상 시간의 숨통을 누르지 않아도 되었다
친절한 이웃들이 관리비도 없는 납골당으로 모셨다**
다시, 혼자인 여러분과 함께하면 되는 것이다
이후로도 십 년만 누군가

찾아오길 기다리면 되는 것이다

그가 부재중인 방에는
간만의 방문객들이 플래시를 터뜨렸다
창을 비집고 들어 온 봄햇살이 읽어내는
삶의 기록은 간결하고도 진부했다
전형적인 孤獨死의 풍경
닐부러진 이불과 벽에 기댄 소주병
전원이 꺼지지 않은 티브이
재떨이 안에 허리가 구겨지거나
거꾸로 처박힌 담배꽁초들
기대했던 절규의 흔적은 어디에도 없었다
구석에 뒤집어진 채 누운 공벌레처럼
미동 없는 시간의 주검을
거친 발길이 툭 차고 지나갔다

*『이반 데니소비치의 하루』에서 빌려 옴.
**무연고 변사자가 발생하면 행정당국은 세금으로 장례를 치르고 십 년간 납골
 당에 보관하다가 유족이 찾아오지 않을 경우 집단매장 한다.

먼지버섯 아세요

빗방울이 툭 건드리면 우산을 활짝
펼치는 버섯 말이에요

개미책방에서 저물도록 만화를 봤죠
눅눅하고 찌든 책냄새가 나를 키웠어요
책면지 사이로 유리의 성이 반짝여서
꿈이 아닐지도 몰라, 놀라곤 했죠
어머니가 재봉질한 골목들
기워지고 덧대어져 간신히 이어지는 길
길의 소실점에서 한 줌 빛이 가물거렸죠
손재봉틀 소리를 밟고 걸을 땐 기억을 꼭 붙들어야 하죠
오른쪽 세 시 방향으로 걷다가, 왼쪽 열한 시 방향
몇 개의 웅덩이를 지나 전파사를 지나
성은 꼭 있을 거라 믿어야 해요
잠을 자고 일어나면 정금의 회랑이 펼쳐질 것 같았어요
봉오리 머금은 길들을 서랍 속에 넣어 두고
혼자 들여다 보곤 했죠

먼지 수북한 서랍 속엔
울음이 되지 못한 음절들이
재봉틀 소리를 내요
그늘과 습도와 적당한 기울기가
서랍 안에 나를 가두었어요
웅덩이에서 젖은 발을 꺼내며 城은 없다고,
마술이 풀리는 열두 시는 오고야 만다고 믿는 순간 갇히고 말았죠
우산을 활짝 펼치는 시간을 놓쳐버린 이 순간이
꿈이 아닐지도 몰라, 놀라곤 해요
서랍 속에서 길을 걷다가, 밥을 먹다가도
둥둥 떠다니는 나를 느껴요

서랍이 덜컹거려 잠을 잘 수 없어요

시를 팔았다

반타작도 못하는 고료를 받고도
송구스러운 얼굴로 일관하는 만년 초짜시인인 내게
K시인이 농담 반 진담 반 흥정을 했다
세상에 나가 보지도 못한 시
전문도 아니고 반도 아니고 두 문장쯤
값을 쳐 사준다니 임자 만났다
주인 잘못 만나 전전긍긍
제 자리 찾지 못하고 끌려다닌 시 구절 하나, 둘
좋은 곳에 저금내고 뒷일을 부탁하는 것도 좋을 터

소 판 돈도 아니고 아파트 판 돈도 아닌
달랑 시 두 문장 판 돈을 호주머니에 넣고
결구를 맺지 못한 시를 굴리듯
며칠을 만지작거리다 든 생각
잘나가는 시인의 시집이나
한 권 사볼까

오늘 밤 꿈엔

메피스토펠레스*가 긴한 전갈을 보내올지 모르겠다
미농지처럼 속이 훤한 니 영혼
얼마면 되겠니

*괴테의 『파우스트』에 등장하는 악마.

아내 외

김진길

어느 지친 날의 귀가歸家
방안 배치가 설다

온종일 출구 찾아
또 혈투를 벌였는 갑다

장롱을 밀고 당기다
곤하게 잠든 그녀.

밤톨줍기

투둑,
저 추임새
명창이 나나보다

소소리 솟은 나무
득음의 찰나,
그
찰나

잘 여문 말씀 한 송이
정수리에
콕,
앗, 따가워.

먹튀

내 옹알이, 내 사탕발림에
묶였던 날들 펼쳐놓고

엄마는 배신당했다
아내는 속았다한다

받는 데 길이 든 사랑은
늘 그렇게
먹고 튀지.

나침반 외

김현식

뿌리가 있는 자는 멀리 갔다

뿌리를 향하고 있는 나침반은 그게 자신의 운명인 줄 몰랐다

뿌리의 나이테가 동심원처럼 늘어나던 탯줄에 이미
알 수 없는 미래가 흘러 들어가고 있었다

멀어질수록 커져만 가는 강력한 자장이 새벽안개처럼 휘감아 돌 때
  나침반의 끝은 떨리는 이파리로 외로움을 타전했다

우듬지의 푸른 잎이 낙엽이 되어 떨어질 때
뿌리는 아무도 눈치채지 못하는 사이에 관념이 되고 말았다

허우적거릴수록 더욱 깊이 빠져 들어가는 수렁처럼
뿌리는 저도 알 수 없는 힘에 휩쓸려 희미해져 갔다

외로움은 뿌리를 향하고 있는 나침반이었다

나침반의 떨림도 끝내 극점에 도달하지 못하였다

좁은 문

*사랑은 언제나 오래 참고……. 기다림은 인내이고 수양이었소. 종교적인 덕목 때문에 왜곡되어 가는 사랑의 비극에 대해 다시 한번 많은 생각을 해 봤다오. 크리스마스가 가져다 주는 무한한 설렘과 희망의 빛이 단지 뜬 구름이나 환상이 아니기를 바라지만 현실은 한결같이 무심하고 냉정하게만 흘러가고 있다오. 그러나, 무기력하게 떠내려가는 것보다는 거슬러 올라가고자 하는 게 인간의 존재의 미가 아닐까 생각이 드는군요. 종교적인 미덕이라는 올무에서 벗어나지 못한 알리사는 결국은 사랑을 버리고 죽음을 맞이하게 되었고 제롬은 슬픔의 절망에 빠지고 말았지요. 꿈은 잡아야 하고 가꾸어야 하는 것이라는 생각이 들어요. 산다는 것의 의미, 살아간다는 것의 역동성, 결코 무너져서는 안 되는 덕목이라 믿어요. 겨우 지푸라기 하나 잡고 허우적대는 상황일지라도 결코 꿈과 희망을 버려서는 아니 돼요. 사랑은 바로 그 고귀한 목표를 향해 달려가는 희망의 열차가 아니겠소. 세월이 모든 것을 깎아 내리더라도 그 열정만큼은 어찌할 수 없다는 것을 새삼 확인해 보고 싶었다오. 가루가 되도록 인내하는 별빛 사랑. 알리사는 죽었

지만 제롬은 작은 알리사의 대부가 되었어요. **믿음과 소망과 사랑 중에 그 중에 제일은 사랑이라고, 종소리를 타고 울려 퍼지는 말씀이 아름답게 반짝이는 크리스마스 시즌이네요.

* 앙드레 지드의 「좁은 문」에서 인용.
** 성경 고린도전서 13장에서 인용.

역설의 변증

예고없이 나타난 붕새일까
카오스의 하얀 어두움의 날개가
덜 여문 대지를 감싸안고 백악기로 들어 간다
차가운 실유리 빗줄기 몇 올 떨어뜨려 놓고
이정표는 깃털 속으로 사라진다
나는 소심한 정글에 갇힌 방랑자
벌레가 되어 배밀이로 기어 간다
티라노사우르스가 괴성을 지르며 쫓아 온다
속도를 내 달아난다
캄캄한 안개 속을 뚫는다
현현한 위험과 드러나지 않는 위험의 틈바구니
분명한 것부터 우선 피하고 보는 것이다
밀리고 밀려서 여기까지 왔다
아무런 사고가 없었으니 운이 좋았다
여전히 뒤에서 막무가내로 돌진해 오는
폭군이 있다
사잇길이 보이지 않는다
경고 브레이크라도 밟아 볼까

모험은 위험을 감수하는 것
칼끝을 세우고 기를 모으는 손
끝으로 감전되어 오는
삶의 지독한 패러독스

슬픈 진화

 너는 언제부터인가 이러저러한 인연을 끊고 고독을 탐하기 시작했다 그렇게 잘 다니던 풀뿌리 동아리에서도 더 이상 너의 모습을 볼 수 없다

 당신의 호흡을 느낄 수 있는 꿈의 무대는 하우스콘서트로 변신하였다 극장 같은 무대 위의 당신을 보기 위해 망원경을 준비하든지 가장 비싼 좌석을 예매해야 했던 부담감이 사라졌다 팩키지 여행으로 바쁘게 스쳐지나간 유적지를 마치 별이나 딴듯 자랑스러운 이야깃거리로 주절대지만 사실은 아무런 감흥도 내용도 없다

 진화는 생존하기 위한 생명체의 변화이다 때로는 생존을 포기하고 자기 위상을 지키기 위하여 자기사멸의 고육지책을 택하기도 하지만 끊임없는 변신을 통하여 삶의 본능에 충실하고자 한다

 당신의 얼굴표정과 손가락의 움직임을 가까이에서 볼 수 있다는 것은 분명 진화의 축복이다 만일 더 진화한다면

어떤 모습일까 나홀로 청중인 미니콘서트일까

 연주자 자신의 그림자만을 위한 나홀로 연주회로의 변신이 지고의 진화형태라면 결국 자아몰입 또는 자신과의 대화가 되는 셈인데 왠지 좀 슬퍼지는 것 같지 않아?

대상포진

눈이 부셔서 눈을 감는가 하면
너무 어두워 눈을 감기도 한다
매운 공기가 코를 뚫고 망막을 통과하여
악의 고리를 순환하는 검은 정맥으로
스며들어 간다 삼투압은 무시된다
허파꽈리의 고백성사를 가볍게 튕겨 내며
악령의 피가 탈진한 근육세포를 농락한다
바닥을 흐르는 침출수는 치명적이다
접지력을 상실한 바퀴는
기다란 스키드마크를 남기며 추락한다
지워지지 않는 아킬레스건의 혈흔이 선명하다
검은 피의 흉측함을 피하기 위해
암흑 속에서도 눈을 감는다
비겁함의 흔적은 잘 지워지지 않는다
해변가 바위의 따개비 무리가
홍조의 연약한 살갗을 뚫고
긁다 만 누룽지처럼 덕지덕지 눌러 앉았다

※ 대상포진: 심한 통증, 피부발적, 물집 등을 일으키는 피부질환.

| 1953년 광주 출생 | 전남대학교 의과대학 졸업 | 외과전문의 | 2006년 『애지』로 등단 | 시집 『나무늘보』| 공동사화집 『날개가 필요하다』외 다수 | 현재 서울송도병원 부원장 | (100-453) 서울특별시 중구 신당3동 366—144 서울송도병원 | 의국 02-2250-7368~9 | 핸드폰 010-9973-8048 | 이메일 mdkhs@hotmail.com, mdkhs1@hanmail.net

다빈치처럼 외

박정옥

반구대 암각화에 가면
돌아서다 자주 발길을 멈추게 된다
으스스 허물어지는 얇은 벽을 붙들고
바위 속에서 자꾸 누가 부른다
돌 속에 갇힌 아득한 소리

돌의 시간을 꺼내고 싶어
우리에 갇힌 아우성을 방류하고 싶어
애초 이것들은 누군가의 설계도이며
우리에게 던진 게임의 도전장이다
그는 기호학자이고 우리들은 독자이며

음각의 기호가 죽어 있는 마을
코끼리 게임으로 동심원을 돌면
헐거운 시간의 나사가 조여지고
모든 소리를 걸어 잠근
선명한 기호의 입구가 드러날 거야

바위엔 어떤 복선이 깔려있을지 몰라
아니 메로빙거 왕조의 반전이 똬리 틀고 있을 거야
방심은 뒤통수를 후려친다지
거대한 고래가 부뚜막에 꽂히고
카누가 울타리를 빗질하고
멧돼지의 식도가 태양을 향해 웃는다

뾰족 턱을 가진 네안데르탈인
비탈길 내려오던 벌거벗은 남자
아랫도리 더욱 부풀어 환해지며
바위에 박힌 화살촉을 뽑자 대곡천
생몰연대의 시간이 콸콸 쏟아졌다

저 소리 물속에서도 목이 타겠다

소리의 풍경

메아리학교* 아이들은 동해남부선이 지날 때
기차가 울고 간다고 생각한다
소리의 진원지는 울음이어서
멀리서도 흘러내리지 않는다
늘어진 해안선을 걸어온 바퀴는
즈쯔측즈쯔측 짭쪼롬한 구개음을
운동장에 부려놓고 간다
귀먹은 동작이 청유형으로 다가와
무정명사의 아이들을 바라본다
왁자글 구르다 뭉클 만져지는 함성들
체언이나 조사가 생략된 풍경이
뚝, 뚝, 분절음으로 끊어져
책갈피처럼 나른하게 쌓였다
새떼처럼 한 방향으로 쓰러진다

소리는 눈의 문을 열고 있다
학교 운동장에 현상범처럼 즐비한
자작나무의 동공이 점점 커지고 있다

* 농아학교.

| 방송대 국어국문과졸 | 울산대학교 역사문화학과 석사졸 | 울산광역시 북구 달천동 아이파크 205-303호 | 핸드폰 010-3564-1246 | 이메일 pjo08@hanmail.net.

해고통지서 외

박종인

책상 앞에 앉아 있는 동안
수십 개의 봄이 의자 바퀴처럼 돌며 지나가버렸지
내 몸에선 네 개의 다리가 솟고 열 개의 손이 돋아났지
한 손으로 밥을 먹는 사이 남은 손은 전화를 받고 자판을 두드리고
커피를 뽑고 결재를 받고 뒤통수를 긁적이고 있었지
지친 내 어깨 위에 불빛들이 열 개의 손처럼 떨어져 내리기도 했지
아이들의 이름표도 아내의 화장도 생각나지 않았어
책상 밑으로 머리카락이 수북했어 손에 비의가 뽑혀 나오기도 했지
당신은 아직 젊어, 그가 내 어깨를 토닥여주었지
의자에 익숙한 몸이 허리띠를 늘려갔어
그는 독주를 권하고 2차, 3차, 늦은 밤까지 나를 끌고 다녔어
신발을 잃어버리고 절뚝이며 집으로 돌아온 적도 있었지
책상에 엎드려 잠깐 코를 곯다 들킨 적도 있지만
변명하지 않았어 그쯤은 알아줄 거라고 믿었지
지난해, 녀석이 위급했을 때 내 살점을 떼어 먹이기도 했지

평생 모은 아파트가 날아갔어
조금만 참아, 잘 될 거야
듬직한 손은 언제나 나를 위로했지
그는 내 청춘의 첫 번째 짝사랑이었어
몸통을 비집고 웃자란 여러 개의 손과 발이
그가 내민 종이 한 장에 가볍게 잘려졌어
불연한 이별이었어 치유되지 않은 흉터였어

자연오리지널 시나리오

 나는 生의 절정을 아는 예언자, 미의 여왕 아프로디테가 가슴에 꽃잎을 달고 오는 걸음도 안다 자박자박 꽃들이 4월을 걸어 5월의 나뭇가지 위에 앉아 쉬었다 간다 떨어지는 꽃잎을 편안하게 눕히려 푸른 침대를 활짝 펼친다 시드는 꽃잎을 위해 나무는 무덤처럼 동그란 그늘을 만들기도 한다 뚝뚝 나무 위에서 三千宮女들이 뛰어내린다

 동물원 잔디밭 나무 그늘 속에 누워 아프로디테가 책을 읽다가 잠이 든다 땅위에 풀밭을 펼쳐놓고, 하늘에는 눈부신 둥근 모자가 걸려있다 쌔근쌔근 고른 숨소리에 밀려 구름이 천천히 서산을 넘어간다 서산 아래 아프로디테의 머플러가 굽이굽이 흘러간다 아프로디테의 꿈밖으로 꽃잎들이 떨어진다

 봄은 아프로디테가 꾸는 꿈 나는 공원 벤치에 앉아 떨어지는 꽃들의 손을 잠시 잡았다 놓는다 읽던 꽃을 덮고, 햇빛도 덮고, 나무도 덮고, 마지막으로 봄을 덮고 잠든 그녀를 바라본다 보리수 잎을 건너 바람이 불어오고, 나무들이

빠르게 책장 넘기는 소리에 아프로디테가 낮잠에서 깨어난다 백조들이 잔잔한 신화 속에 발을 담그고 헤엄친다 유유히 이해하기 힘든 문장들이 흘러간다 길게 목을 뺀

  물음표들이 호수 위에 떠서 수면을 바라본다 물음표들이 이유 없이 쓸쓸해 보인다 호수위에 찍힌 저 물음표들의 정답은 오직 하늘만이 갖고 있다 이해하기 힘든 문장에 붉은 노을을 친다 온점처럼 찍힌 해가 서산으로 진다 서산 너머로 뚝뚝 봄이 떨어진다

스토커

그가 발견한 땅이 식민지가 되길 원했어 금과 향료의 나라 동양을 그리는 그의 가슴엔 검은 대서양만이 파도치고 있었지 땅이 보이지 않으면 내 머리를 자르시오 기꺼이 목을 내놓았지 육지다 외치는 순간 목은 살아나고 역사의 새 새벽이 오고 있었지

범선을 타고 대서양을 건넌 그의 역사 속에 종일 파도가 넘실거리고 저어가던 뱃머리를 책상 위에 올려놓았어 창밖에는 초승달이 떠 있었어 달을 타려고 이마에 수평선을 만들었지 초승달은 수평선을 그어놓았어 바다가 요동하고 마스트가 심하게 펄럭이는 날 저녁이면 어김없이 그는 정수리에 닻을 내렸어

신대륙을 여왕께 바치는 순간
새 역사의 페이지마다
가혹한 식민지로 물들고 있었어

| 2010년 「애지」로 등단 | 제9회 산림문학작품공모전 대상 | (604-802) 부산시 사하구 감천2동 26-9 | 집 051- 206-9179 | 핸드폰 010-5553-9179 | 이메일 p7a7r7k@hanmail.net

그뿐이겠어요 외

안이삭

 아주 흔들리지 않을 수는 없었어요 그때마다 내 손에 들려있던 것 내려놓았는데요 쉽지는 않았어요 하나씩 버릴 때마다 떠나지 못하고 주저하기도 했지요 버린다는 것 그건 더 소중한 다른 것을 지키기 위해서였을 건데요 잊었다고 생각했는데 가끔씩 얼굴 없는 누가 울다 가요

 금붕어가 죽었어요 사는 게 바빴다는 건 변명이죠 한때 사랑했던 황금빛 지느러미의 기억조차 버리고 거기에 푸른잎 식물을 옮겨 심었죠
 아무것도 모르고 돋아나오는 새잎 너머로 흐린 물결무늬가 남았어요

 내가 버린 것이 금붕어뿐이겠어요
 내게 남은 흔적이 물결무늬뿐이겠어요

서울 구경

쭈글쭈글한 엄마 손에 쥐어주는
바나나우유 두 개 카스테라 두 개 사탕 한 봉지 기차표 두 장
그리고 큰맘 먹고
따로 깊숙이 넣어주는
십만 원

"하이고 우짠걸 이렇기나……
야야 니 요분에 참 애 묵었다
덕분에 서울 구경 참말로 잘 했데이."

십만 원과 이십만 원 사이에서 고민하던 지난밤이
갑자기 뜨끔하다

내년이면 팔십인 아버지와
퇴행성관절염이 점점 심해지는 엄마가
다시 서울 구경한다고
나란히 올라올 수 있을 것 같지는 않은데

엄마가 싸주던 어릴 적 소풍가방보다
턱없이 빈약한 검은 비닐 봉다리가
개찰구를 빠져 나간다
흔들흔들

꽃잎

비산 사거리에서
서울 방향으로 급하게 좌회전하는 승용차 한 대
기우뚱 오른쪽으로 차가 쏠리면서
언제부터 거기 있었을까 목련꽃 이파리 서넛
지붕 위에서 떨어진다

차창 밖으로 내민 손
푸르게 흩어지는 담배 연기

제 삶에 꽃잎 하나 얹혔던 줄도 모르고

그 꽃잎 영 떠나는 줄도 모르고

능소화에 부치다 외

유현서

수직의 낭떠러지를 맨주먹 맨발로 오른다

당신에게 가는 길, 혹은 내게로 오는 외골목을
주황나팔 내어 불며 간다 毒을 품고 온다

방향 없이 가두는 독, 나는 不倫이라 명명했고
당신은 사랑이라 칭했다

소문은 누구에게나 致命타다

 내게서 찾는 것일까
 담 너머 금낭화 씨앗이 영글다 떨어지고 함께 거닐던 샛길이 폭풍우에 짓밟힌다

 어쩌면 한 잎
 어쩌면 한 줄기
 어쩌면 한 뿌리

통꽃으로 이우는 당신, 황홀한 잠시잠깐의 흡반吸盤이다
늘 꼿꼿한 슬픔 하나 나를 주저앉힌다

견딤의 방식

활어횟집 수족관에 빼곡한 물고기들
죽을 차례만 기다린다

뺨들을 비비며
비켜나간 서로의 안부를 묻는다

저 견딤

죽음과 견딤의 값으로
방부제가 날까 항생제가 날까
뜰채가 잠시
한눈을 파는 사이

나의 공복은
또 어떤 살해를 꿈꾸는지
내 몸 곳곳에서 비늘로 돋는 허기

나는 누구의 뺨을 만져봐야 하는가

아름다운 비행飛行

 가을 햇살을 입에 문 철새 떼가 눈부시다

 바람이 불 때마다 비상을 꿈꾸는 것일까
 들썩이다간 이내 곤두박질친다
 주검들을 수습해 태우는 저 늙은 형광 조끼의 눈빛에 그늘이 진다

 햇살이 최고로 부드럽고 야문 날, 바람의 끝이 너무 날카롭지 않은 시간을 택하여 가장 아름다운 날개를 펼치고 싶은 새

 반짝반짝
 첫 비행의 시동을
 황홀하게 거는
 잎사귀들

 잎은 새처럼 이 나무 저 나무를 꿈꾸지 않는다 다만 딱 하루만 날아 흙을 밟고 싶은 것이다

단풍 수의 한 벌 입고 처음이자 마지막
단 한 번의 새가 되는 꿈으로 산다

알집

사마귀 알집을 봤다 동그란 스펀지 모양의 작은 덩어리

죽는 순간의, 죽임을 당하는 수컷의 흔적
누르스름하게 젖어 있다

저 집은
죽도록 사랑했던 그 허기짐이 똘똘 뭉쳐진 점
혹은 동그라미, 그들만의 우주

당랑규선螳螂窺蟬, 누가 나를 물어 죽일까
잔뜩 긴장하고 들어가 본다

길고 날카로운 미늘의 앞다리, 360° 회전시키는 목, 온몸을 꼼짝 못하게 하는 눈빛, 앞다리를 쳐들고 날개를 최대한 펼치던 허풍선이

내 안의 그가
수시로 나를 점령한다

나를 물어 죽이고 바깥으로 내몰며 금세 허기지게 하는, 한 자리에서 꼬박 이틀을 기다리다가 돌아오는, 그의 발길질에 차이는 연가시 같은

    내 불룩한 뱃속에
    머릿속에
    나를 꽁꽁 가둬버리는 집

    누군가 내게 집을 짓고 있다

물고기 비파

알록물고기 한 마리 꼼짝도 않고 유리창에 눌어붙어있다
진공청소기다

나도 언제 저렇게 몰입해 본 적 있던가

외줄에 의지한 채 고층건물 유리벽을 닦는 그 사내
올려다 볼 때마다
가느다란 부챗살을 흔든다

돌 틈 사이를 쪼물거리다가 바닥을 등지고 쉴 새 없이 주둥이근육을 씰룩거리는 알록물고기
 저 동그란 빨판 속으로
 시원스레 콸콸
 들고나는 것 없다

물방울 방울방울 올라오는 수면 위로
 가느다랗게
 비파 뜯는 소리만 들리는 듯하다

자신이 물방울처럼 생긴 줄 모르고 순간순간 힘차게 활대를 잡아 늘이며 이리왔다 저리갔다 하늘도 바닥이라는 듯이 허공을 닦는 사내

  서울의 가장 높은 곳에서
  빈 하늘에 몰입한 밑바닥 生의 연주법을
  침묵으로 닦아낸다

| 2010년 『애지』로 등단 | 서울시 중랑구 중화1동 90-3번지 | 핸드폰 010-6710-7602 | 이메일 yys0213@hanmail.net |

매트릭스 외

이시경

우주의 모든 생명체는 매트릭스로 나타낼 수 있으며, 매트릭스마다
생명체의 특징을 결정짓는 고유값과 고유벡터가 있다

연분홍 매트릭스가 왔다

소우주를 주렁주렁 가지마다마다 매달고 환하게
창가에 서 있는 매트릭스를 바라보던 반백의 매트릭스가
한 강의실로 들어섰다 그리고
초롱초롱한 눈을 한 매트릭스들에게
거대한 매트릭스를 그려보였다

수많은 방정식들을 거느리고 있는 매트릭스
매화나무 가지에 물이 촉촉이 올라올 때
살가죽을 뚫고 젖내 나는 매트릭스가 탄생 한다
터진 틈으로 비상하려는 새움아
너의 운명의 숫자가 무엇이더냐
너의 고유벡터가 꽃이냐 푸른 잎이냐

시시각각으로 변하는 잎 줄기 모세관 꽃봉오리들

살얼음판을 지치는 긴장으로 결승선을 지나서
흰줄무늬의 고유값을 달고 핀 분홍색 벡터

그가 떠나자 매트릭스는 앞을 다퉈 꽃을 피기 시작했고
강의실은 온통 매트릭스향기로 가득 찼다

노예 이야기

컴퓨터를 켜자 달콤한 음성이 들려왔다
주변의 만류를 뿌리치고 소년은 그를 따라갔다

그 성에서 나는 왕자였다
빼앗긴 성과 공주를 되찾기 위해서 싸웠다
일진일퇴하다가 성을 하나 정복하자
또 다른 성이 나타났다
그렇게 성들을 하나씩 정복하였고
공주도 마침내 구했다
나는 그 성에서 성공한 왕자였다 어느덧
아무도 넘볼 수 없는 큰 성의 주인이 되었다

어느 날 잠에서 깨어보니
내가 있던 성은 아침 안개처럼 사라지고
나는 사막 한가운데 누워있었다

사방이 사막이라 거기가 거기였다
발자국은 모래바람으로 거의 지워져 있었다

겁에 질려 달리다 뭐에 걸려 넘어졌다
해골이다 주변이 온통 해골의 언덕이었다
모래 언덕마다 어린 영혼들의 손톱자국들이
선명하게 결을 이루고 있었다 모래바람들만
윙윙거리며 그들을 핥고 있었다

언덕을 넘어 간신히 사막을 빠져나왔어도
누군가 계속 나를 따라붙었다
집에도 학교에도 어른이 된 후로도 직장까지 따라다녔다
나는 내가 아니고 게임 속의 나였다 저들의
프로그램대로 파괴되고 파괴하고 있었다 저들의
부를 위해 소모되는 도구였다

오카리나

흙으로 돌아갔다
아무 것도 보이지 않았다
아무 것도 들리지 않았다
아무도 날 찾지 않았다
내 영혼만이 내 몸을 부르고 있었다
백만 년의 세월은 죗값이었다

그러나 내 몸 위로
별들의 불륜이야기가 쌓였다
귀뚜라미의 전생이야기가 스며들었다
바람이 핥고 간 자리마다 시렸다
햇빛의 이빨자국에 목이 간지러웠다
새소리의 그림자에 달팽이관이 떨었다
백 만년의 세월은 연단이었다

시냇물이 천기를 누설하고
먼 별똥별이 외계인의 합창으로 다가온다
내 몸이 비워지고 온 몸에 구멍이 뚫린다

불로 몸의 찌꺼기를 다 태운다
가죽에 천공 몇 개만 남는다

이름을 부르자
아기가 울음을 터뜨린다

삐뚤어질 테다 외

장이엽

나는 늘 한쪽으로 기울여져 있었다.

한 때는 오줌싸개여서
한 때는 아버지가 목수여서
한 때는 키가 작아서 자만할 수 없었다.
한 때는 초라한 내 행색에 주눅이 들고
한 때는 마른 얼굴의 광대뼈 때문에
카메라 앞에서 고개를 돌리기도 했었다.
좋은 것 아홉 가지를 합해도
모자라는 하나를 당할 재간이 없었던 그때
넘어지지 않으려고 힘을 주기 시작한 그때부터
나는 기울어졌을 것이다.

기울어진 내가 비탈에 선 나무가 되려 한다.

비대칭의 균형을 선택하기로 한 나무.
삐뚤어지게 앉아 바람 길을 열어주고
삐뚤어지게 엎드려 진달래뿌리와 손가락 걸고

삐뚤어지게 누워 잎사귀를 흔들어주면
구석구석 골고루 햇빛 비쳐들 터이다.
잔가지 사이사이로 주먹별이 내려올 터이다.
모난 돌이 돌탑을 받쳐주듯
니를 고여 주는 삐뚤어신 생각의 작대기 두드리며
삐뚤어지게 뛰어가 시를 부르고
삐뚤어지게 서서 밀어줄 테다.

오징어몸통 끝, 지느러미

수산물 좌판이 늘어진 시장통
붉은 함지박 속에서
오징어가 사투를 벌이고 있다.
수심 50센티미터의 둥근 벽을 벗어나려고
닥치는 대로 찔러댄다.
얼마나 들이받았던 걸까?
뾰족했을 몸통 끝이 뭉개져 있다.
지느러미가 너덜거린다.
먹물 품고 물총을 쏘아도 끄떡도 하지 않는 세상
열 개의 다리로도 디딜 수 없는 바다,
부둥켜안는다. 상처투성이 몸을 이끌고
꽃 피우려 하고 있다.
아직은 끄떡없노라 첨벙 물살을 튕기더니
히야, 꾹꾹꾹 소리 지르며 솟구쳐 오른다.
바다 밖을 나와 비로소 완성되어가고 있는
삼각형의 인생.
지리멸렬한 삶의 수레바퀴를
몸통 끝에 붙은 지느러미의 힘으로 굴리고 있다.

적당히 라는 기기敧器

그릇에 물이 가득 차면 엎어지고
비면 기울어지고
적당히 있어야만 반듯하게 선다는
기기敧器라는 그릇은
중국 주니리 때, 임금을 경계하기 위하여 만든 그릇이란다.

적당히라니, 참 난감한 말이다.
 당신의 적당히와 나의 적당히는 부피가 다르고 질량이 다른데
 당신이 원하는 적당히를 맞추기란
 얼마나 신중하게 중심을 잡아야 가능하다는 말인가

 기기敧器라는 그릇을 머릿속에 그려보았는데
 상상인데도 도무지 바닥에 내려놓을 수가 없어서
 허공에 둥둥 뜬 날아다니는 그릇 인체로 놓아두기로 했다.

 어차피 당신과 내가 말하는 적당히에도
 바닥이 모호하므로 기준은 없으리라.

제 맘속에 품은 만큼을 보고 듣고 생각하는 것이니
　적당한 기준이란 각자가 생각하는 적당량에 따라 다를 테니까.

　자, 기우뚱거리다가 넘어지기 전에
　물을 따라 붓든, 넘치는 물을 덜어내든 각자의 기기敧器를 들고
　당신과 나 술잔이라도 부딪히며 적당히 적당한 함양을 맞춰봄이 어떤가?

　제각각 다른 뿌리를 갖은 풀들도 일제히 한 소리로 우는 날이 있고
　제각각 다른 모양의 눈결정체들도 모여 쌓이면 하얀 세상을 만들지 않던가!

| 본명 장명주 | 2009년『애지』로 등단 | (456-821)경기도 안성시 공도읍 진사리 쌍용스윗닷홈아파트 109-1102 | 핸드폰 011-9043-2563 | 이메일 ra-pin@hanmail.net

그늘 터 외

조영심

그늘이 그늘을 밝혀 만든 그늘 빛 환한 그늘의 세상이 있어 처음 그늘 친 손을 다음 손이 이어준 손 그늘로 천년의 바람이 빼곡히 얽히고설킨 미로에서 넘너리 내 집으로 가는 길을 잃었다

먼저 친 그늘과 나중 이은 그늘이 제 깜냥만큼 만들어내는 얼개그늘, 오르막엔 오르막그늘 내리막엔 내리막그늘 좁은그늘 너른그늘 낮은그늘 높은그늘 고인그늘 내달리는 그늘 게으른그늘 바지런한그늘 졸리운그늘 신나는그늘 시들한그늘 상글한그늘 애기그늘 할미그늘 각시그늘 서방그늘 총각그늘 처녀그늘 놀이그늘 살이그늘 머물 듯 흐르는 그늘 흐를 듯 머무는그늘 사라졌다 싶으면 나타나고 나타났다 싶으면 다시 사라지는 도깨비그늘 요리조리 발길 모는 발바닥그늘 골골이 깔아 놓은 방석그늘 안성맞춤 마름질로 곧은솔기 어슨솔기 자투리 하나 없이 맞아 떨어지는 솔기그늘 한밤이면 달님도 허공에 걸터앉아 고운체로 걸러냈을 깨끼그늘 그늘의 솔기마다 구천 구백의 길목*에 닦아진 생生그늘

그늘의 숲 속 빈터에 일없이 주저앉아, 오래오래 끌고 다
녔던 내 눅눅한 그늘 자락을 한나절만이라도 이 그늘 터에
걸쳐 놓고

살림 거덜 나자 너무 일찍 애 어른 되었다고 먹장구름 이
고 져야 할 맏자식이었다고

믿었던 도끼 너에게 찍혀 발 절며 동동거렸다고

내 그늘에 내가 가려 도무지 앞이 보이지 않았다고

제 앞 가름 못해 좋은 때깔 다 놓치고 가슴 속 서걱대는
외짝일지라도, 햇살 한줌 들지 않는 이 비좁게 복작거리는
골목살이에도 노새는 짐을 실어 나르고 첫눈에도 손짓 발
짓 눈웃음 내미는 손과 기꺼이 맞잡은 손을 그늘처럼 잇고
이어 살아가지 않느냐고

내펼친 그늘 자락 되작이며 조곤조곤 다독이고 싶어

*모로코, 페스의 메디나.

부적

곱디고운 경면주사鏡面朱砂
들깨 기름에 개어
자子년 자월 자일 자시 때 맞춰
어머니가 주신 붓,
손가락으로
한 획 한 획 꼬박
삼시 세 판을 공들여
순천만을 건너 온

액 막 이

여기,
주문呪文의 신비가 흐르고 흘러
헐어 낸 담에 영롱한 이슬이 맺고
사유의 틀에 맑은 바람 일어
내 생의 칠성판이 깔리기 전
오밤중에도 문득 깨어
면벽의 눈빛으로 부적을 불살라

씹을수록 글맛 나는
묵을수록 구미 돋는 시를 퍼올려

저기,
붉은 모래가루 꽃으로 피는 자미성
저 별로나 떠서 다음 생을 흐르리

문

문패 번듯한 대문이다
열고 닫을 일 없고
지르고 풀 빗장도 없이
두 기둥 번듯한 솟을대문
하늘 용마루 팔짝 구름 지붕이요
바람서까래 눈물 단청 입힌
고루거각의 문

안과 밖이 따로 없고
들고 나는 흔적도 없이
둘도 아니고 하나도 아닌
같지 않지만 다르지도 않아
있고도 없고 알고도 모르는
시작과 끝, 맞물린 띠
너와 나의 고리

문지방이 없어도 돌쩌귀가 없어도
누구나 한번은 이 문턱 넘어

왔던 길 되 돌아가려
만장挽章을 끌고 들어서는
해안가 도로변에 마주한
두 장례 예식장
하늘 길 여는
불이문不二門

말씀

눈 푸른, 귀 맑은 한 말씀
간절해
내소사 설선당說禪堂 아궁이에
마른 솔가지로
말씨를 지핀다

아랫목 고실고실한 말씀
주춧돌 침묵 같은 참 말씀
앞 산 청솔가지 푸른 눈 닮은
가뭄에도 맨 바닥 드러나지 않을
고요 속 옹달샘 같은
씀씀이 가지런한
품새 너른 한 말씀 얻자고

뱉고 주워 담지 못한 말
말 같지 않는 말
발 없이 천리를 옮아 간 말
우르르 제 발로 달려와

맞장구로 입방아 찧던 말들까지
푸욱 푸욱 저어
무쇠 솥에 불을 땐다
우려야 제 맛나듯
사흘 꼬박 밤낮없이
말의 뼈를 고아 본다

편백 숲을 가다

막막함도 디딜 데 없고
아득함도 기댈 데 없을 때
선암사 굴목재를 넘어 보라
거기, 무리지어 숲을 이룬
편백을 보라

뒤꿈치 올려 햇살의 젖줄 찾느라
밑둥 다 부르튼 그들의 발치
수직의 무리에 밀려도
뒷걸음치지 않고
허공을 가로질러 누워 내달리는
한 그루 편백
울타리 견고한 그들 속에서
악착같이 발붙인
타성바지 소나무

숲에는, 길이 없다고
길이 보이지 않는다고

제 풀에 꺾여
제 발등 찧으며
남 탓 하느라 귀 시끄러운
덜된 나무 없다
발을 디딘 그 자리에서
스스로 기둥이 되고
어우러져 숲을 이루는
나무들만 있다

| 2007년 『애지』로 등단 | 시집 『담을 헐다』 | 여수정보과학고등학교 근무 | 핸드폰 010-8646-6639 | 이메일 titirangs@daum.net |

변강쇠, 내 사랑 외

조옥엽

 가시랑비 인적 끊어 놓은 토요일 오후, 막 하품 뱉어내려는 찰나 팔척장신 풍채 좋은 남자 하나 문안으로 척 들어섰지 순식간에 사방이 환해지고 심장은 작동을 멈추었어 눈 모시처럼 하얀 와이셔즈 깃이 달빛 쏟아져 내리듯 수려한 그의 얼굴에 반사되어 빛나고 우린 숨죽인 채 그의 일거수일투족을 지켜보며 마음 졸였지

 바로 그 순간 그의 옴파 같은 손가락 내 허리를 감싸고 그와 동시에 부러움과 질투로 뾰로통해진 동료들의 이죽거림이 성난 모기떼의 함성처럼 귓전에서 앵앵거렸어 난 고개를 처박은 채 파들파들 떨고만 있었지

 그런 날 그가 든든한 가슴으로 보듬어 안는 찰라 그의 심장이 가파른 산을 넘는 벌새처럼 요동치고 있다는 것을 알아차렸어 반듯하기만 한 외면 안쪽엔 달빛 면도날이 여차하면 포를 뜰 듯 얍삽한 낯짝 들이밀고 사방에서 빛의 속도로 달려드는 독설에 너덜너덜해진 내장, 구석에 처박힌 밀걸레처럼 헐떡거리고 있었지 미처 숨 돌리기도 전 그가 나

의 건조한 입술에 불을 당겼어

 입술에서 피어나는 뜨거운 꽃 한 송이

 평생 숨죽이며 기다려온 이 순간, 그의 가슴에 비로소 화기가 돌고 진물 흐르던 상처 수슬수슬해지기 시작했던가 나는 넋을 놓고 황홀한 순간 만끽하고 있었지 수수 백 년 전 인디언 제사장의 주문 연기 따라 그의 어깨를 휘감았다 사라질 즈음 냉혹한 그는 미몽의 날 길바닥에 내던지더니 구둣발 돌려 짓이겨 놓고 세상 향해 여유있게 걸어 나갔어

 찔끔 눈물이 나려 했을까 둘러보니 수십 개의 토막난 몸뚱이들이 벌거벗은 채 보도블록 위에서 나뒹굴고 있었지 그는 천하의 바람둥이 내 이름은 디스, 심플, 아니 말로보

쓰레기통

 그 속에는 가가호호 버젓이 내놓은 잡다한 번뇌의 자투리들이 똬리를 틀고 들어앉아 수인 번호를 세고 있고

 밤낮 가리지 않고 수시로 할퀴는 바람에 급기야 뒷발로 걸어 차 버린 살쾡이의 발톱이 씩씩대며 가쁜 숨 헐떡거리고 있고

 아침 식탁에서 망나니처럼 날뛰던 토막 난 분노가

 씹고 씹고 곱씹다 뱉어낸 질긴 꿈들이

 길게 목을 빼다 살쾡이에게 질질 끌려가면서도 차마 놓을 수 없는 끈질긴 기다림이

 토방에 내려온 새벽녘별처럼 잠시 서성대다 사라지는 올 풀린 그리움이

 덧난 상처 끌어안느라 끙끙거리다 보폭이 커진 그믐달

의 발자국 소리에 잠 깨어 뒤채는 빛바랜 노년의 아픔이

 버려진 자들이 스스로를 위해 부딪치는 독배의 잔 같은 쓸쓸한 비애가

 생의 종점에 도달한 자들의 느린 독백이 어두운 바닥을 벌레처럼 기어 다니며 남겨진 시간을 혓바닥으로 싹싹 핥고 있지

죽근

 한 뼘 두 뼘 수평으로 뻗어 나간 등뼈, 마디 마디가 통증이다 옹이진 자국마다 해와 달은 상처를 남기고 나는 아무에게도 험한 모습 들키고 싶지 않다 캄캄한 지하로 파고들어 평생 고개 들지 않으련다

 유배자의 생처럼 굽이굽이 끝없이 이어지는 노동의 시간 벌레처럼 한 뼘 기다 멈춰 숨 고르고 벼랑으로 떨어져 나뒹굴다 다시 정신 가다듬고 엎어져 도달한 낭떠러지

 귀 얇고 눈 먼 자들의 가슴마다 날선 삽날로 밭고랑을 내며 바스락 소리에도 깨어 흔들리는 혼 얼음장 파고드는 그믐달 그 독부의 눈빛에 찔린 한숨 소리 거미줄에 걸려 파닥거리다 절뚝절뚝 죽은 나비의 한쪽 날갯죽지로 숨어들어 땅을 파고드는 산비둘기의 저음으로 울고

 괭이도 호미도 없이 어느 문사의 책상에 오롯한 붓 한 자루로, 뉘 영혼에 달그림자 드리우는 음으로 찾아들 순간 꿈꾸며 삼백 예순 날 피멍 든 손톱으로 한 치 두 치

해와 달의 손이 스친 뼈마디마다 꿈틀거리는 지네의 동작으로 살아 숨 쉬는 비명이 피운 꽃은 추녀 끝에 우는 새끼제비 주둥이 마냥 사방 향해 쭈뼛거리고

　벌 나비의 이죽거림 따윈 안중에도 없어 오로지 네 키가 하늘에 닿을 수만 있다면 평생 축축한 바닥을 기다 봄기운 한번 느껴 보지 못한 채 눈 뒤집혀 바닥에 고꾸라질지라도

| 2010년 『애지』로 등단 | 순천대학교 국어국문학과 수료 | (540-770)전남 순천시 용당동 삼성A. 4동 202호 | 핸드폰 011-9434-3328 | 이메일 chookyup@hanmail.net

入棺 외

최용훈

죽는 게 어디 쉬운가
죽더라도 스물네 시간 동안은
숨 꼼짝없이 참았다가 죽어야한다
사지 빳빳해지도록 있는 대로 힘줘
호흡 참는 걸 들키지 말아야한다
극한 고통에 캄캄한 몸속 어둠,
뱉어내고 싶어 자꾸 벌어지는 입
방음되는 솜뭉치로 틀어막고서
일체의 잡념도 떠오르지 않는
공포를 견뎌야한다

얼추 지금 누운 관짝만 한 쪽방에서
혼자 기거하시던 처고모도
비로소 이 순간 죽는 게 사는 것보다 어렵다는 걸 아셨을 텐데…
뵈러 갈 때마다 생전에 어찌 아시고
죽지 못해 산다고 말씀하셨을까?

빙폭, 혹은 이명을
메아리로 바꾸는 절벽의 낙천성

 어둠에 포위당해서도 움츠러들지 않고 맞서는 스탠드불빛 아래서
 반경환 著, 『행복의 깊이』를 탐독한다.
 사색인의 십계명에 나오는 여섯 번째 계율*의 부작용으로 형질 변경되는 의식
 의 자문자답은 흥정 끝난 밀거래라서,
 무의식은 날개를 펼치고도 날아오르지 못한다.
 그리고
 침묵,

 상승보다 하강속도가 더 빠른 중력의 날개여
 폭포는 본분을 다할 수 없을 때 작심한다.
 저의 내부에서 발생하는 騷音을 消音시켜
 외부의 消音을 경청한다.
 그리고
 침묵,

 외부의 騷音이 消音되면

내부의 消音이 騷音으로 변하는 걸 알고부터,
나는 증오했다.
날개를 펼치고 비상하기 직전에 화석이 돼버린 절벽의
비명을!
그리고
침묵,

단절된 상태에서는 침묵이 더 큰 騷音이더라.
이때 멸망한 消音을 엿듣다보면,
내가 듣는 내부의 騷音과 폭포가 경청하는 외부의 消音이
발생학적으로 한 계통이라는 걸 알게 된다.
그러므로 블랙홀에 빠진 비명; 새하얀 침묵이여!
절벽의 낙천성은
불같이 쏟아지는 물의 직하강도 멈추게 한다.

*언제나 실패의 여신께 감사를 드려라, 우리는 실패를 할 때마다 독수리처럼 자유롭게 날아다닌다.

물의 집합방정식

 가시가 온몸을 파고들어도 고요한, 연못을 본다. 고요에는, 마음이 숙연해지는 치명적 성분이 있다. 숙연함은 의심을 기도로 바꾸려는 연금술 같은 것, 이해불가의 고행을 하는 연못에 대해 경배심이 들게 만든다. 그러나 몸의 태반을 가시연잎으로 감싼 이 연못도 열 길 물속은 훤히 들여다봐도 사람 속은 모를 텐데, 별들의 천국이 지옥 같은, 내 심정을 무슨 수로 읽어 태양계의 유일한 오아시스를 수면에 비춰주는 것인가.

 속을 알 수 없으면 의뭉스러워 보이는 건 깊이에는 감추려는 속성屬性이 있기 때문이다. 저 연못이 물을 끌어 모아 깊이를 획득한 것은 부정형不定形인 저의 본질을 감추려는 것, 아니겠는가. 그래서 더 음흉하다는 생각이 들어 유심히 들여다본 것인데, 연못이 시치미를 떼며 낯 두꺼운 내 모습을 깊이가 없는 입체로 되비쳐 보여준다. 너의 몸도 물의 요소로 채워져 있어 네 그림자에 깊이가 없는 것이라는 것을 은연중 암시하는, 이 물의 집합방정식이 자아를 푸는 열쇠라는 것을 알고서야 그동안 깊이도 없이 깊이를 보여주는 거울의 참 같은 거짓을 참으로 인식하는, 잘못을 범해왔다는 것을 안다.

　정신은 시인된 자세로 살고자하면서도 마음과 몸은 여전히 깊이와 상像이 겉도는 세상에서 전전긍긍하는, 내 작태가 한심한지 그림자 없는 바람이 연못에 고인 구름즙을 냅다 걷어찬다. 지상에 붙박인 연못물에 촘촘히 가시를 박고 부동不動하던, 가시연잎들이 출렁출렁 부유한다. 순간, 가시연이 물의 기질을 변혁, 상승시켜 연화세계蓮花世界*를 펼쳐보여도 세상은 허공에 떠있는 부동체浮動體라서 부동不動의 정의는 정의되지 않는다.

　문득, 같은 객관적상관물**이더라도 화자話者마다 객관객체***가 달라서 시는 정형화되지 않는다는 사실은 명쾌해졌지만, 언어자체는 깊이를 갖고 있지 않으므로, 시편들에서 삶에 대한 어떤 깊이가 느껴진다 해도 시어가 축조하는 이미지들은 그림자에 불과하다. 그림자만으로 실체實體를 어찌 알 수 있는가. 그러니 나여, 대강만으로는 시가 될 수 없음을 직시하라.

*불교에서 극락을 이르는 말.
**시에서 정서와 사상을 표현하기 위하여 찾아낸 사물, 정황, 사건을 이르는 말.
***감각 사유 의지 따위의 모든 주관이나 주체의 작용대상이 되는 객체를 이르는 말.

난독증

 같은 계통에 근무하는 친구의 귀띔으로 거금을 동양정밀주식에 몰빵했다. 얼마 뒤 부도난 그 주식은 지지[1]의 밑씻개로도 쓸 수 없는 종잇조각에 불과했지만, 작전주였다는 게 들통 나기 전까지, 그 회사 제품이 지지[2] 거렸어도 그 주식을 지지[3]하는 마음은 변함이 없었다. 이 경험을 통해 지지[4]를 신뢰했다가는 패가망신할 수도 있다는 사실을 알았다.

 근무지가 있던 명동거리 중앙극장 옆 이층건물 이층에는 지지다방이 있었다. 극장 간판에 그려진 신성일이 늙어가도 그 자리를 떠나지 않던 지지다방이 없어졌다. 예매해둔 상영시간을 기다리는 동안, 지지배라 부르던 호칭이 미스 지로 변하는 동안, 지지다방에 앉아 그녀의 지지[5]와 궁합 맞춰볼 궁리를 하던 장소가 사라져버린 것이다. 지지가, 한번 보면 잊혀 지지, 않는 말이라서기 보다는 수다스럽게 떠드는 소리를 뜻하는 부사임을 알고 지었으리라는 생각에 어느 날 주인마담에게 물은 적이 있다. 다방이름을 왜 지지라고 지었냐고. 만남의 장소로 남자와 여자가 두루 좋아할 이름을 찾다가, 여자와 남자를 구별하는 말의 공통분

모가 떠올랐다고 마담이 배시시 눈웃음을 쳤다.

　미스 지와 결별한 뒤에야 서로의 지지[6]를 지지[7]했어도 지지는 철회될 수 있음을 알았다. 하지만, 그러나, 그런 일이 생기기 전에, 결코 잊지 말았어야 했다. 아무것도 의심하지 않던 나이였을 때 누가 지지[8]! 하면 그건 거들떠보지도 말아야한다고 배웠던 것을. 간혹 지지관계를 청산한 미스 지가 생각나 노래방에 가서 나훈아라도 된 양 "청춘~을 돌려다~오"하고 울부짖거나 말거나, 사랑의 엘레지가 낮게 흐르던 지지다방이 없어졌거나 말거나, 여전히 티브이에서는 유행가를 부르는 지지배들이 선정적인 옷을 입고 떼로 나와 교태를 부리며 지지해달라고 콧소리로 지지[9]를 외쳐대지만, 지지[10]가 무슨 뜻인지는 몰라 지지[11]는 이제 가상현실 속에서나 통하는 말이 됐다. 어쩌다 세상이 이 지경이 됐는지는 모르겠지만, 세월이 갈수록 지지[12]가 힘을 못 써 제구실을 못할 때마다, 지지[13] 생각이 더 간절하다.

---

1) 支持1-주가 하락이 매입세력에 의하여 어느 선에서 더 이상 계속되지 아니하는 일.

2) 지지1-전파 잡음소리.
3) 支持2-어떤 사람이나 단체 따위의 주의, 정책, 의견 따위에 찬동하여 이를 위하여 힘을 씀.
4) 止持-몸과 말로 하는 나쁜 짓을 억제하여 죄업을 짓지 아니함.
5) 地支-〈민속〉육십갑자의 아래 단위를 이루는 요소. 자子, 축丑, 인寅, 묘卯, 진辰, 사巳, 오午, 미未, 신申, 유酉, 술戌, 해亥이다.
6) 지지2-남자의 서가의 성기를 뜻하는 말의 공통분모.
7) 支持3-붙들어서 버티게 함.
8) 지지3-어린아이의 말로, 더러운 것을 이르는 말.
9) Gee Gee-감탄사 외에도 1000달러, 1갤런의 술, (감방에서 큰소리 치는) 놈 등을 포함하는 뜻을 갖고 있다.
10) 知止-자신의 분수에 넘치지 아니하도록 그칠 줄을 앎.
11) GG-Good Game의 약자로 시뮬레이션게임에서 "좋은 게임이었다, 패배를 자인한다"는 의미로 쓰인다.
12) 紙誌-신문이나 잡지 따위를 통들어 이르는 말.
13) 至知-더 없이 뛰어난 지혜, 또는 그런 지혜가 있는 사람.

| 서울출생 | 2008년 『애지』로 등단 | (132-798)서울 도봉구 방학동 720-1 대상타운현대A. 207동 2303호 | 핸드폰 010-7106-9824 | 이메일 is25is@hanmail.net

테리가타 외

황경숙

 쏟아지는 생각 속에서 X는 선잠을 잔다. 백팔 배를 채우지 못한 몸을 Y가 물끄러미 들여다본다.

 깨어 있지도 잠들지도 못한 그를 50분, 이라 부르면 먼지의 더께처럼 시간 위에 내려앉는 들숨 날숨은 저이가 소유한다. 그는 날고 싶은데 보이지 않는 바람의 냄새는 저이의 혀끝에 산다. 가파른 벽이 눕고 밖엔 눈이 내린다. 왼손에 붙들린 그들의 무의식이 마음에 박힌 가시를 세고 있다. 고요가 쌓이면 바위가 될까. 만트라 속에 네가 있다. 뜨거워진 피가 나를 위로 하고 있다. 휩쓸리지 않아야 한다고 너와 나의 적당한 거리를 찾고 있다.

 어둠의 입구에서 종일 짠 거미의 베일이 홀연 사라질 때 Y는 거울을 본다. X의 입술 어깨 골반 무릎이 차례로 깨어난다. 이윽고 빈집이 된다.

 하나의 물방울이 바다 속으로 뛰어 들어 그 바다를 삼킨다는 공리公理가 태어난다.

별의 뒷모습

별빛 아래 걷던 그가 보폭을 맞추며
"세상에서 가장 먼 곳을 봐요"

그때 잠시 검은 바람이 불고

3억 광년이 나를 꿰뚫고 지나간다
그 걸음으로 걸으면
죽어도 아니, 다시 태어나도 가 닿지 못하겠다했더니
첼로 음으로 웃는다

먹빛 밤하늘을 당겨 놓으며 별자리를 짚는다
자 봐요 가을엔 안드로메다 페가수스 양자리⋯⋯

없는 이름을 부르며 혼자서 마음을 바닥까지 긁어 먹어도
배고파 허기 품은 바람처럼 달린다

저녁 별들이 걷기 시작하면 그의 별자리 고집은 이어지고
서리 입은 바람 불던 날

몇 겹의 그늘이 담긴 부스러기별은 흩어졌다

그가 어둔 하늘에 타전한 모스부호를 보며 물에 잠긴 듯
귀가 먹먹해진다

부스러기별을 가슴에 품고 더 어두운 곳에서
별을 배웅하기 위해 새벽은 오고
야누스의 눈에는 보이지 않을 갓 태어난 별자리에
기러기 눈빛이 터널처럼 길고 검다

서 있는 동굴

첫 번째 태양이 떠나고 나는
호박琥珀 속에 갇힌 벌레처럼
참장공을 한다

엉거주춤, 허공의자에 엉덩이를 걸치고
알 수 없는 그대 가슴만한
나무 한 그루를 안으면 수직으로 일어선
척추 건반에서 태초의 피아노 소리가 난다
눈을 뜨면 오히려 미궁 귀는 다만
아직 오지 않은 세상의 깊이와 너비를 재며
안에서 밖을 향해 무극無極의 당신을 묻는다

귀와 입이 하나가 될 때
두근거리는 심장으로 피가 몰려오고 몸은 따뜻해진다
동굴 신화 속 기운이 가슴으로 바뀐 옹이 속으로 둥글게
모인다
허벅지와 골반으로 나무 허리를 보듬고
깊고 깊은 계곡의 신전 헤라티움에 들어

더 깊게 심해의 단층에 들어

그대 씨앗의 가시 돋친 감각을 내 지느러미로 만지며
핑갈의 동굴 서곡으로 말을 건네면
가시 끝이 둥근 용신목처럼 긍정의 문이 열린다
우두커니 선 피라미드처럼 오래된 탑처럼
당신을 가리키던 지시침이 된 몸,

두 번째 태양을 품는다

숨꽃

탁 타닥 탁!

"마음 속 당신의 꽃을 몸으로 피워보세요"
음악이 흘러나오는데
몸이 언 땅처럼 굳어 있다 아직 서투른 몸동작
쑥스러움에 눈을 감는다

긴장의 터널을 지나 장미정원을 지나 푸른 타일로 장식된 탑을 지나 주위를 맴도는 새들을 지나 빨라지는 음악에 맨발이 달아오른다. 땅 속에서 울려오는 깊은 대지의 숨소리가 들린다. 새들을 따라 나는 이른 봄 흙을 데우고 깨어나는 어린잎이 된다. 심장의 박동소리가 줄기를 키운다. 미끄러지고 비틀거리며 차츰차츰 더 빨리 더 크게 허공에 피어나는 순간,

빛이 미치지 못하는 낭하에까지 이른
깨어있는 숨꽃으로
내가 태어날 때 데리고 온 빛을 만난다.

고요 속에 똬리를 튼 어둠이 나를 응시한다. 낯익은 목소리가 환청처럼 들린다. 연둣빛 연못에 비친 오래된 무릎 뼈 같은 나. 그때 누군가 눈여겨보았던가 문득 한 순간이 진묵겁의 세월.

탁! 타닥 탁!

스톡홀름 신드롬

#1 (F.I)
앞집 사내는 엘리베이터에서 만날 때마다 내 목구멍에 손가락을 집어넣었어 내가 토하는 건 치-즈, 말 없는 자의 이빨은 왜 항상 검은 거죠 날 잡아먹지 마시라니까 놓친 익어핸드백 속에서 시네마극장 티켓이 늪의 내장처럼 울잖아 25초 동안 이 호러 물物은 목젖을 덜덜덜 떨게 해 목까지 늪에 빠졌어 답답해 아, 코앞으로 달려드는 불도저의 무례한 바스켓,

1층에서 멈춰버렸어 아쉬워 핀에 찔린 잠자리처럼 뻣뻣해진 눈동자로 이 블랙박스에 갇혀 지하차고로 내려서고 싶어 목덜미를 꼭 깨물어 주면 안 될까 부셔지면 좋겠어

바삭바삭 마른 날개

#2
앞집 여자는 앞집 사내의 샌드백 아주 주기적인, 퍽퍽퍽퍽, 이따금 백은 터지고 모래는 쏟아져 아파트 13층에 쫙

깔리는 해변, 13층 높이의 모세의 기적, 두들겨 맞으면 등 짝의 해안선이 시원해지나 봐

  사내의 섬과 그녀의 섬은 보름 만에 한 번씩 맞닿아서
  양쪽에서 감겨오는 한 통의 필름 같아
  가끔 하얀 모래밭에 하트문양을 그리는 그들을 만나

  #3.
  위층 사내와 위층 여자 그러니까 저이와 나는
  생각을 커밍아웃, 몸안엣 소리도 우뢰의 음향으로 바뀐

  우하하하, 몸 바깥의 허니!

  굵직하고 믿음직한 목소리의 인질과
  갸름하고 순한 강도의 다정한 날들
  진짜 살만한 세상은,

  그러지 않을 거란 생각 밖에 있어
  (F.O)

| 2009년 「애지」로 등단 | 전남 여수시 여서동 현대건설아파트 107동 1308호 | 핸드폰 011-633-5246 | 이메일 dew310@hanmail.net.

유리 도시 외

이현채

1. 빌딩 숲 그늘 아래

청계천과 동대문 사이, 하늘과 땅 사이, 빽빽이 들어서 있는 빌딩 숲과 숲 사이, 유리로 만든 아이들이 유리저럼 반들거리며 자라나는 빌딩 숲, 그 숲 아래 살아가는 달동네 사람들 창문에 걸려 있는 달을 따서 강강술래 하는 사람들 재개발, 재개발에 집과 일터를 잃지 않기 위해 어둠을 실어 나르는 사람들, 그 사람들 사이, 신당동 닭곰탕 집 할머니, 파리가 읊어 대는 주기도문을 외우며, 고구마 같은 자식들의 작은 소망을 국밥에 담는 사이, 어둠과 바람이 뒤섞인 거리에 한 조각의 겨울달이 부자와 가난한 눈동자 사이에서 피켓을 들고 있다

2. 창수마차 건너편

닭곰탕에 빠진 우울이 해찰거리는 시계를 바라보며 산세베리아에 걸린 바람을 테이크아웃하여 지팡이 짚는 계

절의 골목으로 어둠 한 다발 들여 놓는다 투덜거리는 검은 비닐봉지는 찢어진 자유를 걸치고 생강처럼 울뚝불뚝한 생각을 날려 버리며 고추처럼 성을 내는 바람과 황학동 중고 시장을 떠돈다 절망을 실어 나르는 마차들이 '내 가슴은 시장통이야!' 허공에 낙서하는 빌딩 숲에서 메아리치며 난계로 15길로 들어선다 한 장의 가로등불로 만든 아이들이 수건돌리기를 하고 담 넘어온 능소화가 웃어대는 강아지 골목, 귀뚜라미와 전선들이 숨바꼭질 하는 미로의 골목, 독촉장과 편지들이 행세하는 골목, 예수님과 부처님이 속닥거리는 골목, 먼 길에서 온 아르바이트생이 일하는 예예 노래 주점이 있는 골목, *먼 훗날, 아주 먼 훗날, 우리가 눈 감는 그날에도 우울 한 마리 살아서 팔딱거리고 있을까 그곳에 가면, 그곳에 가면*

하루를 모자이크하다

 젓가락으로 뜨는 거리의 눈빛들 사이로 선글라스로 무장한 스파이, 독재자의 하수인 같은 얼굴을 한 사나이가 지나간다 가방 속에 비밀들을 가득 담고 워터볼처럼 찌그러진 얼굴을 한 사나이가 지나간다 나의 머릿속은 if, it, ıf 만 맴돌고 장애인의 모금함 앞에서 모금되기를 기다리는데 한 사나이가 지나간다 둥, 둥, 둥, 생의 언덕이 운다 폐 이파리는 심벌즈를 치고 붉은 소금이 얼굴에 맺힌다 찾아간 곳마다 공사중이거나 관계자외 출입금지다 복권을 사 볼까 운세를 볼까 유리병처럼 깨지는 눈동자를 따라 나뭇잎은 춤바람이라도 난 듯 이리저리 휘날린다 바람처럼 자유가 되고 싶지만 발을 동동 굴러 봐도 자유로워질 수 없다 외국인에게 길을 묻는 내 옆으로 한 사나이가 지나간다

유령의 바다

**

바다가 보고 싶을 때 월미도에 가요 새가 되고 싶어 하는 물고기 섬 아닌 섬으로 날리기 위해 월미도에 가요 당신과 나는 거짓말을 튀겨 별과자를 만들고 알바트로스는 우리가 만든 별과자를 따먹느라 주위를 빙빙 돌지요 뮬란 애완 카페를 지나 다크 사격장에서 당신은 탕! 탕! 탕! 나를 향해 총을 쏘지요 나는 팬시 인형 바닥에 쓰러져요 초상화 그리는 이름 없는 화가가 우리의 모습을 크로키 해요 우리는 떠도는 전단지 진수성찬의 바람에 날려요

*

월미도에 가요

그리고,
영종도 가는 마지막 배를 타요

***

바다가 일몰日沒로 붉게 물들면 월미도에서 영종도 가는

배를 타요 핏빛 바다를 안은 당신은 햄릿이 되어 유령과 얘기해요 *"어둠 속에서 나를 음해하려는 자가 없는 세상에, 사랑이라는 무기가 없는 세상에, 배신이 없는 세상에, 살고 싶다"*고, 당신의 가슴은 절망의 피로 물들지요 나는 오필리어가 되어 시간을 담는 거울에 당신을 담고 나의 침묵 안에 햄릿을 잠재우고 당신을 눕히지요 바다가 극광極光으로 흔들리면 당신은 *"오! 오필리어"*하며 깨어나지요 우리의 연극은 여기서 끝이 나고 영종도에 도착한 배가 닻을 내려요 *태양이 쓴 약을 삼켰나 봐요*

애지문학회편
능소화에 부치다

발　　행　2012년 3월 4일
지은이　유현서 외
펴낸이　반송림
편집디자인　김지호
펴낸곳　도서출판 지혜
　　　　계간 시전문지 애지
기획위원　반경환 이형권 황정산
주　　소　300-812 대전시 동구 삼성1동 273-6
전　　화　042-625-1140　팩　스　042-625-1140

전자우편　ejisarang@hanmail.net
홈페이지　www.ejiweb.com

애지문학회 카페 http://cafe.daum.net/ejiliterature

ISBN: 978-89-97386-08-6 03810
값 10,000원

이 책의 판권은 지은이와 도서출판 지혜에 있습니다.
양측의 서면 동의 없는 무단 전제 및 복제를 금합니다